Aalto im Detail

Aalto im Detail

Ein Katalog
der Bauteile

Céline Dietziker
Lukas Gruntz

Birkhäuser
Basel

Keuruu am See «ohra ahonlahti» im Juni 2019

«Mein Name ist Aalto, wie der Architekt», sagte der Mann freund-
lich. Er hatte uns soeben ertappt, wie wir, um sein Wohnhaus
schleichend, Fotos von den Garagentoren machten. Wir befanden
uns mitten in der Wohnsiedlung der nationalen Volkspensions-
kasse, welche die Aaltos in den frühen 1950er-Jahren unweit von
ihrem eigenen Wohnhaus erbaut hatten. Es war eine der be-
sonderen Begegnungen, die wir auf unserer Finnlandreise auf
den Spuren der Aaltos im Sommer 2019 erlebt haben.

Was wir hier tun würden, fragte Herr Aalto – und bestand darauf,
uns seine Wohnung zu zeigen. In der einfachen Arbeiterwoh-
nung mit drei Zimmern war Aaltos Geschick für räumliche und
konstruktive Lösungen sicht- und spürbar. Auf knappem Raum
wurde die Sequenz zwischen der Küche und dem Essraum über
eine Vorratskammer mit Einbauschrank gekonnt gelöst. Natür-
lich durfte in der Überbauung die gemeinschaftliche Sauna im
Untergeschoss nicht fehlen.

Herr Aalto fuhr uns, nachdem er seinen Sohn zum Fußballtraining
gebracht hatte, spontan zu zwei unbekannten Häusern im
nahegelegenen Espoo, die während des zweiten Weltkriegs
erbaut wurden. Einfache, unprätentiöse Holzhäuser.

Dort angekommen, kamen wir mit einer Eigentümerin ins Gespräch, die uns schließlich auf einen kurzen Rundgang durch ihr Haus einlud. In den Details der Treppengeländer und der geschwungenen Holzdecke unter dem Dach war die Handschrift der Aaltos deutlich erkennbar. Diese Haltung ist in den Bauten allgegenwärtig: Konstruktiver Unwegsamkeit wird mit gestalterischer Lust und Freude begegnet. Holz wird gebogen. Metall mit Leder umwickelt. Glasierte Keramikröhrchen leiten Licht in die Tiefe des Raums.

Unser ausführlicher Detailkatalog ist das Resultat unserer Reise, während der wir fast fünfzig Bauten der Aaltos von Helsinki über Jyväskylä bis Turku besucht und dokumentiert haben. Unser Katalog hat keinen Anspruch auf Vollständigkeit, sondern zeugt als fotografische Sammlung von unserer Detailliebe, die wir im Werk der Aaltos – Aino (1894–1949), Alvar (1898–1976) und Elissa (1922–1994) – wiedergefunden haben. Der Katalog der Bauteile dient der Inspiration für unsere eigene architektonische Arbeit. In einer Welt der Digitalisierung der Architektur dürfen wir die Wurzeln unserer Baukultur nicht vergessen: das Handwerk.

Céline Dietziker und Lukas Gruntz

Essay

Alvar, 14 Jahre, 1912

«Ich möchte hinzufügen, dass die Architektur und ihre Details in gewisser Weise mit der Biologie in Verbindung stehen. Sie sind vielleicht wie große Lachse oder Forellen. Sie werden nicht reif geboren, sie werden nicht einmal in dem Meer oder Gewässer geboren, in dem sie normalerweise leben. Sie werden viele hundert Meilen von ihrer eigentlichen Lebensumgebung entfernt geboren. Wo die Flüsse nur Bäche sind, schmale, glitzernde Gewässer zwischen den Bergen, so weit von ihrer normalen Umgebung entfernt, wie das geistige Leben des Menschen und seine Instinkte von seiner täglichen Arbeit entfernt sind. Und wie die Entwicklung des Fisches zum ausgereiften Organismus Zeit braucht, so braucht alles Zeit, was sich in unserer Welt des Denkens entwickelt und kristallisiert. Die Architektur benötigt diese Zeit noch in stärkerem Ausmaß als jede andere schöpferische Arbeit.»[1]

Alvar Aaltos Essay «Die Forelle und der Gebirgsbach» erschien zum ersten Mal im Herbst 1947 mit dem italienischen Titel «Architettura e arte concreta» in der Architektur- und Designzeitschrift DOMUS. Für die Ausgabe bat der damalige Chefredaktor Ernesto Nathan Rogers seinen finnischen Freund und Kollegen Aalto, seine Gedanken zum Verhältnis von Architektur und Kunst zueinander darzulegen. Entstanden ist ein sehr persönlicher Text. Mit eindrücklichen Metaphern erzählt Aalto

Liegeterrasse, Sanatorium in Paimio (1930er-Jahre)

von seinen eigenen Erfahrungen mit Architekturprojekten und von Experimenten mit Holz, die er zusammen mit seiner ersten Frau Aino für Möbelentwürfe und skulpturale Arbeiten gemacht hat. Im Plauderton beschreibt er das Kapitell der ionischen Säule und seine Liebe zur italienischen Baukultur. Er benennt drei «wesentliche» Künste, Plastik, Malerei und Architektur, und die gegenseitige Inspiration von Architektur und abstrakten Kunstformen. Vor allem schreibt er aber über Architektur im Zusammenhang mit Zeit und über die Wichtigkeit, genug davon zu haben um eine architektonische Idee entwickeln zu können.

Schon damals gehörte Alvar Aalto längst zur internationalen Architekturszene. Innerhalb weniger Jahren hatte er sich von einem jungen Architekten, der vom nordischen Klassizismus beeinflusst war, zu einem überzeugten Verfechter der funktionalistischen Moderne entwickelt. Die bekanntesten Gebäude aus dieser frühen Periode, die Bibliothek in Viipuri (1927–1935) und das Sanatorium in Paimio (1928–1933), lagen aber mehr als ein Jahrzehnt zurück und in der Zwischenzeit stand er dem reinen Funktionalismus kritisch gegenüber.[2] Sein Interesse galt inzwischen einer humanistischen Architektur, die von den Bedürfnissen der Menschen und der natürlichen Umgebung ausging. Auf berührende Weise haben er und seine erste Frau Aino diese Haltung mit der Villa Mairea in Noormarkku (1937–1939) umgesetzt.

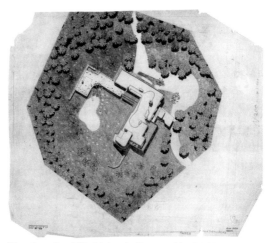

Situationsplan, Villa Mairea in Noormarkku (1938–1939)

Das Rathaus in Säynätsalo (1949–1952) und das eigene, experimentelle Sommerhaus, das Alvar mit seiner zweiten Frau Elissa in Muuratsalo (1952–1954) gebaut hat, zeigen weitere Entwicklungsschritte, hin zu einem finnischen Regionalismus mit traditionellen Materialien und historischen Referenzen.[3]

Diese Bauten aus drei Jahrzehnten sind beispielhaft für die Offenheit von Aino, Elissa und Alvar Aalto gegenüber aktuellen Tendenzen, aber auch für ihre ständige Suche nach eigenständigen Themen. So unterschiedlich die Bauwerke auch sind, gemeinsam ist ihnen die Liebe zum konstruktiven Detail. Sie teilten nicht nur das Interesse für natürliche Materialien und organische Formen, sondern auch ein allgemeines Verständnis der Architektur als umfassende Gestaltungsaufgabe, das sich zum ersten Mal an dem Schutzkorpsgebäude in Jyväskylä (1926–1929) zeigt. Eine intensive Beschäftigung mit Design entstand erst Ende der 1920er-Jahre mit dem Wettbewerbserfolg in Paimio. Während der Weltwirtschaftskrise fehlten die Aufträge, sodass Aino und Alvar gezwungen waren, nahezu alle Mitarbeitenden zu entlassen.[4] Da sie kaum weitere Aufträge hatten, steckten sie ihre ganze Zeit und Energie in die Detaillierung und die Gestaltung

Treppenstufen zum Innenhof, Rathaus in Säynätsalo (ca. 1952)

Musterwand, Experimentalhaus in Muuratsalo (1960er-Jahre)

der Innenräume und Möbel. Das Resultat war ein überzeugendes Gesamtkunstwerk, das ein Vorbild für ihre späteren Bauten und ihre Designobjekte wurde.

Ein Konzept für einen organischen Entwurf hatten die Aaltos bereits in Viipuri umgesetzt. Mit den runden Oberlichtern und der wellenförmigen Decke konnten die natürliche Belichtung und die Akustik verbessert und eine menschlichere Atmosphäre

Eingangsseite, Schutzkorpsgebäude in Jyväskylä (1920er-Jahre)

Auditorium, Bibliothek in Viipuri (1935)

geschaffen werden. Bunte Farben, häufig in amorphen Figuren
aufgetragen, und eine vielfältige Mischung von Materialien
für die Bauteile dienten dem gleichen Zweck. Die Möbel und
Einrichtungsobjekte von Aino und Alvar Aalto sind meist in
Zusammenhang mit einem Bauprojekt entstanden. In ihrem Design
von Leuchten, Beschlägen und Glasobjekten ziehen sich die-
selben Themen und Lösungen durch ihre gesamte Karriere. Die
Begeisterung für einheimische Holzarten gehört genauso dazu
wie die Experimentierfreudigkeit mit verschiedensten Konstruk-
tionsmethoden. Durch neuartige Verfahren zum Biegen von
Holz konnten ihre Stühle freitragend ausgeführt werden.[5] Eine

Vase und Holzmodel aus der Glasserie «Savoy», 1936

Konstruktion auf einen natürlichen Baustoff zu übertragen, die bis dahin nur mit Stahlrohr möglich war, erscheint im Nachhinein in der Geschichte der Aaltos nur logisch.

Der Durchbruch im Möbeldesign gelang ihnen 1932 mit der Nummer 41, allgemein bekannt als der Paimio-Stuhl. Als der Neubau des Sanatoriums fertiggestellt war, erschienen begeisterte Artikel in mehreren bedeutenden Fachzeitschriften. Aino und Avar Aalto wurden als ideales Architektenpaar gefeiert und zu Veranstaltungen im In- und Ausland eingeladen. Diverse Architektur- und Design-Ausstellungen festigten nicht nur ihren Ruf in Fachkreisen, sondern auch ihre Bekanntheit darüber hinaus. Mit ihren modernen Entwürfen und den entsprechenden Produktionsmöglichkeiten konnten gute und günstige Möbel für den Alltag angefertigt werden, eine wesentliche Motivation für das gesellschaftlich und sozial bewusste Paar. Die Herstellungs- und Vertriebsfirma Artek, die 1935 von ihnen mitbegründet wurde, spielte dabei eine wichtige Rolle in der Entstehung

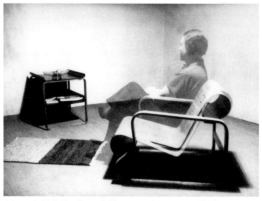

Aino mit Paimio-Sessel, Fotoexperiment, ca. 1932

einer modernen Wohnkultur in Helsinki und im übrigen Finnland. Dass Arteks Werbespruch für qualitätsvolle Möbel «Buy Now Keep Forever» heute noch Bestand hat, spricht für sich.

Über die beiden Ehen von Alvar Aalto und die Zusammenarbeit mit seinen Ehefrauen wurde viel geschrieben und noch mehr spekuliert. Eine der ersten Publikationen über Alvar Aalto ist die – nach wie vor – bemerkenswerte dreibändige Ausgabe vom Artemis Verlag, die 1963 in Zürich erschienen ist.[6] Die Einleitung des ersten Bandes beinhaltet einen ausführlichen und sympathischen Dank von Aalto an seine aktuellen und ehemaligen Mitarbeitenden. Neben einem kurzen Lebenslauf wird ausdrücklich darauf hingewiesen, dass er sein Büro partnerschaftlich geführt hat, von 1924 bis 1949 mit Aino Aalto und ab 1952 mit Elissa Aalto. In Erzählungen von zahlreichen Mitarbeiterinnen und Mitarbeitern wird diese Aussage bestätigt und immer wieder mit der Bemerkung ergänzt, Alvar und Aino und später Elissa hätten sich persönlich und auch fachlich besonders gut im Büro ergänzt. Ungeachtet dessen werden sämtliche gebauten Projekte weiterhin Alvar Aalto zugeschrieben. Es ist erstaunlich, dass die Leistungen seiner Partnerinnen bis heute nicht besser erforscht und entsprechend wertgeschätzt worden sind.

Elissa und Alvar im Büro in Helsinki, 1959

Das universelle und seit Generationen anhaltende Interesse für die Architektur der drei Aaltos ist beeindruckend. Mit ihrer Kombination von regionalen und internationalen Elementen und der Verwendung von traditionellen Baumaterialien haben ihre Gebäude sogar an Aktualität gewonnen. Alvar Aalto selbst betrachtete den Übergang von der Stahlbetonästhetik zu Holz und natürlichen Materialien als entscheidenden Wendepunkt in der Entwicklung seiner Architektur.[7] Die Auseinandersetzung mit der vorhandenen Baukultur und die Fokussierung auf typisch finnische Baustoffe waren für die authentische Einmaligkeit seiner Bauten vermutlich entscheidend. Göran Schildt, der mit Alvar Aalto freundschaftlich verbunden war und mehrere Biografien über ihn verfasst hat, vermutete gar, dass «seine Verankerung in der finnischen Umwelt die Grundlage für sein Schaffen ist».[8] In einer Zeit, die zunehmend von generischen Projekten geprägt wird, ist ihre Glaubwürdigkeit zweifellos einen Grund, weshalb die Bauwerke von Alvar, Aino und Elissa Aalto immer noch so stark berühren.

Alvar Aalto hat es stets vorgezogen, dass die Menschen seine Architektur direkt erleben, statt über seine Gebäude und die Ideen, aus denen sie entstanden, zu schreiben.[9] Da er und seine Partnerinnen bis zuletzt an den Entwürfen gearbeitet und

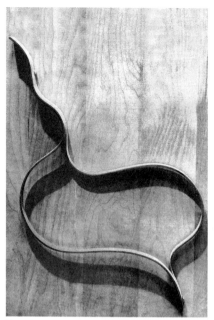

Experiment mit Sperrholz, 1934

Änderungen oft im letzten Moment an der Baustelle vorge-
nommen haben,[10] ist das nicht überraschend. Die für sie so typi-
sche Beziehung zwischen innen und außen und die subtile
Stimmung der Räume durch direkte und indirekte Lichtführung
können auch nur vor Ort wahrgenommen werden. Das Glei-
che gilt für die Farben und die oft unbeschwerten, spielerischen
Bauteile. Erst direkt gegenübergestellt, wird deutlich, mit welcher
Leidenschaft jedes einzelne Detail entwickelt und ausgeführt
wurde. Im Vergleich mit der heutigen Situation, in der viele Archi-
tektinnen und Architekten ihre Verantwortung an Spezialisten
delegieren und der baukulturelle Wert entsprechend abnimmt,
wirkt das noch viel eindrücklicher. Dass die Aaltos ihre Ent-
würfe oder die Ausführung ihrer Projekte abgegeben hätten, ist
schlicht undenkbar.

Im eingangs erwähnten Essay beschreibt Alvar Aalto auch seine
bevorzugte Arbeitsweise. Seine Methode, eine Idee zu einem

Skizze für Bibliothek in Viipuri (1920er-Jahre)

Projekt zu entwickeln, präsentiert er als mäandernden und unbewussten Prozess, nachdem er sich die notwendigen Fakten angeeignet hat. *«Dann gehe ich zu einer Arbeitsweise über, die der abstrakten Kunst sehr ähnlich ist. Ich zeichne nur instinktiv, keine architektonischen Synthesen, sondern manchmal kindliche Kompositionen, und so entsteht auf dieser abstrakten Grundlage allmählich die Hauptidee, eine Art universeller Stoff, der mir hilft, die unzähligen widersprüchlichen Probleme in Harmonie zu bringen.»*[11]

Diese fast poetische Schilderung passt zu seinen Anmerkungen über den Faktor Zeit beim kreativen Arbeiten. Niemand würde bestreiten, dass es viel Zeit und auch Raum benötigt, um überzeugende architektonische Ideen zu entwickeln. Von der Intelligenz der Finger zu reden, mag seltsam klingen, in einer Zeit, in der kaum noch Bleistifte und Skizzenpapier gebraucht werden und stattdessen vermehrt digital gearbeitet wird. Die hier beschriebenen Themen und Projekte zeigen die Chancen und auch Qualitäten der analogen Arbeitsweise hingegen deutlich.

Das gebaute Werk von Aino, Alvar und Elissa Aalto ist überaus vielfältig, von einer überbordenden Gestaltungsfreude und zugleich authentisch. Die Aaltos fühlten sich genauso verantwortlich für den Kontext wie für das Äußere und das Innere ihrer Bauten. Die starke Beziehung zwischen den verschiedenen Elementen ihrer Architektur zeigt sich aber am besten in der Liebe zu den kleinsten Bauteilen – den Details.

Dass sie die eigentlichen Seelen ihrer Gesamtkunstwerke sind, beweist dieser Katalog. Mit großem Engagement, einer sorgfältigen Materialauswahl und eigenen Fotos haben Céline Dietziker und Lukas Gruntz diesen Aspekt in der Arbeit der drei Aaltos aufgearbeitet. Für diese wertvolle Pionierarbeit gebührt ihnen große Anerkennung und ein herzlicher Dank.

Annette Helle
Zürich, Frühjahr 2022

21

1   Alvar Aalto, *The trout and the stream*, DOMUS, No 223–225, *arredamento architettura arti*, Milano 1947, 23–32.

2   «*Aaltos lebenslanges Bemühen, gesellschaftliche und psychologische Bedürfnisse zu befriedigen, unterschied ihn von den dogmatischen Funktionalisten der zwanziger Jahre, deren Laufbahn bereits gesichert war, als er seine ersten bedeutenden Werke entwarf.*»
    Kenneth Frampton, Die Architektur der Moderne, Deutsche Verlags-Anstalt 1983, 174.

3   Juhani Pallasmaa, „From tectonics to painterly architecture", in Ausstellungskatalog *Alvar Aalto: Points of contact*, Alvar Aalto Museum Jyväskylä 1994, 37.

4   Göran Schildt, *Moderna tider. Alvar Aaltos möte med funktionalismen*, Wahlström & Widstrand Stockholm 1985, 85.

5   Die neue Methode für Bugholz wurde mit Hilfe der Möbelmanufaktur Korhonen entwickelt und 1933 patentiert.
    Cosmit Ausstellungskatalog, *Alvar Aalto*, Salone Internazionale del Mobile, Milano 1998, 30.

6   Karl Fleig, *Alvar Aalto Band I 1922–1962*, Verlag für Architektur Artemis Zürich 1963, 6–7.

7   Kenneth Frampton, *Die Architektur der Moderne*, Deutsche Verlags-Anstalt 1983, 174.

8   Göran Schildt, *Alvar Aalto in Band I 1922–1962*, Verlag für Architektur Artemis Zürich 1963, 11.

9   Michael Trencher, *The Alvar Aalto Guide*, Princeton Architectural Press New York 1996, 23.

10 Juhani Pallasmaa, „From tectonics to painterly architecture", in Ausstellungskatalog *Alvar Aalto: Points of contact*, Alvar Aalto Museum 1994, 39.

11 Ebd.: 1.

Vordächer

Kulturhaus
Helsinki, Finnland
1952–1958

Volkspensionsanstalt
Helsinki, Finnland
1953–1956

Wohnüberbauung Zellulosefabrik Sunila
Kotka, Finnland
1936–1938, 1947, 1951–1954

Wohnüberbauung Zellulosefabrik Sunila
Kotka, Finnland
1936–1938, 1947, 1951–1954

Gebäude des Studentenverbandes
Jyväskylä, Finnland
1961–1964

Gebäude des Studentenverbandes
Jyväskylä, Finnland
1961–1964

Haus der Architekten
Helsinki, Finnland
1935–1936

Haus der Architekten
Helsinki, Finnland
1935–1936

Theater
Seinäjoki, Finnland
1961–1987

Villa Mairea
Noormarkku, Finnland
1937–1939

Villa Mairea
Noormarkku, Finnland
1937–1939

Wohnhaus Lohilouma
Kauttua, Finnland
1942

Pädagogische Universität
Jyväskylä, Finnland
1952–1954

Tuberkulose-Sanatorium
Paimio, Finnland
1929–1933

Tuberkulose-Sanatorium
Paimio, Finnland
1929–1933

Tuberkulose-Sanatorium
Paimio, Finnland
1929–1933

Villa Kokkonen
Järvenpää, Finnland
1967–1969

Wohnüberbauung Zellulosefabrik Sunila
Kotka, Finnland
1936–1938, 1947, 1951–1954

Villa Mairea
Noormarkku, Finnland
1937–1939

Tuberkulose-Sanatorium
Paimio, Finnland
1929–1933

Bibliothek der Technischen Hochschule
Espoo, Finnland
1964–1970

Kirche
Seinäjoki, Finnland
1951–1960

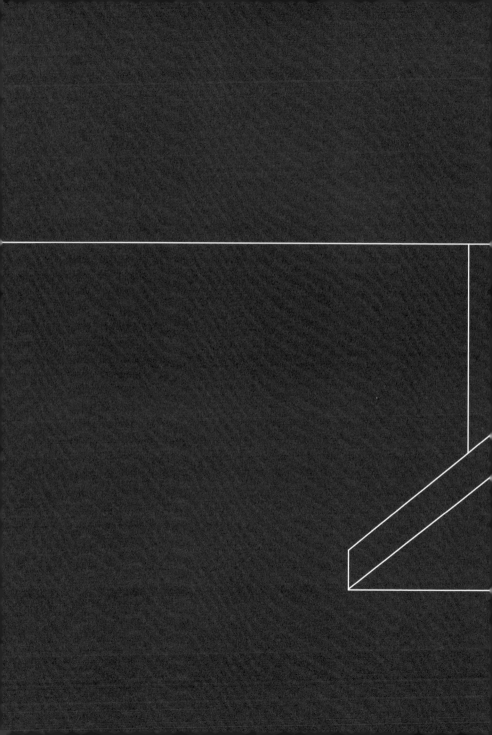

Decken

Hauptgebäude Universität Jyväskylä
Jyväskylä, Finnland
1954–1956

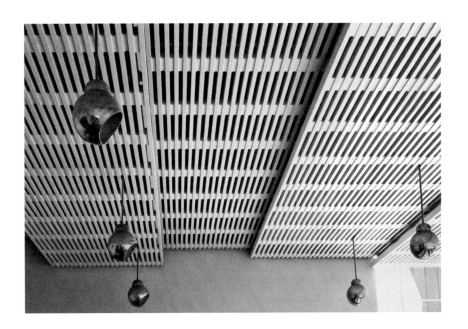

Kirche
Seinäjoki, Finnland
1951–1960

Konzert- und Kongresshaus
Helsinki, Finnland
1967–1971

Kulturhaus
Helsinki, Finnland
1952–1958

Maison Louis Carré
Bazoches-sur-Guyonne, Frankreich
1956–1959, 1961–1963

Kulturhaus
Helsinki, Finnland
1952–1958

Volkspensionsanstalt
Helsinki, Finnland
1953–1956

Atelier der Architekten
Helsinki, Finnland
1954–1955, 1962–1963

Stützen

Villa Mairea
Noormarkku, Finnland
1937–1939

Villa Mairea
Noormarkku, Finnland
1937–1939

Standardhäuser Enso-Gutzeit
Hamina, Finnland
1951–1953

Maison Louis Carré
Bazoches-sur-Guyonne, Fraankreich
1956–1959, 1961–1963

Sportfakultät
Jyväskylä, Finnland
1971

Bibliothek der Technischen Hochschule
Espoo, Finnland
1964–1970

Hauptgebäude Universität Jyväskylä
Jyväskylä, Finnland
1954–1956

Theater
Seinäjoki, Finnland
1961–1987

Haus der Architekten
Helsinki, Finnland
1935–1936

Hauptgebäude der Technischen Hochschule
Espoo, Finnland
1955–1964

Haus der Architekten
Helsinki, Finnland
1935–1936

Konzert- und Kongresshaus
Helsinki, Finnland
1967–1975

Volkspensionsanstalt
Helsinki, Finnland
1953–1956

Hauptgebäude der Technischen Hochschule
Espoo, Finnland
1955–1964

72

Konzert- und Kongresshaus
Helsinki, Finnland
1967–1975

Verwaltungsgebäude der City Electric Co.
Helsinki, Finnland
1965–1976

Hauptverwaltung der Enso-Gutzeit
Helsinki, Finnland
1959–1962

Bibliothek
Seinäjoki, Finnland
1960–1965

Treppen

Konzert- und Kongresshaus
Helsinki, Finnland
1967–1975

Stadthaus
Säynätsalo, Finnland
1949–1952

Stadthaus
Säynätsalo, Finnland
1949–1952

Maison Louis Carré
Bazoches-sur-Guyonne, Frankreich
1956–1959, 1961–1963

Hauptgebäude Universität Jyväskylä
Jyväskylä, Finnland
1954–1956

Villa Mairea
Noormarkku, Finnland
1937–1939

Verwaltungsgebäude der City Electric Co.
Helsinki, Finnland
1965–1976

Geschäftshaus Rautatalo
Helsinki, Finnland
1951–1955

Volkspensionsanstalt
Helsinki, Finnland
1953–1956

Haus der Architekten
Helsinki, Finnland
1935–1936

Atelier der Architekten
Helsinki, Finnland
1954–1955, 1962–1963

Haus der Architekten
Helsinki, Finnland
1935–1936

Volkspensionsanstalt
Helsinki, Finnland
1953–1956

Hauptgebäude der Technischen Hochschule
Espoo, Finnland
1955–1964

Bibliothek der Technischen Hochschule
Espoo, Finnland
1964–1970

Hauptgebäude Universität Jyväskylä
Jyväskylä, Finnland
1954–1956

Stadthaus
Säynätsalo, Finnland
1949–1952

Hauptgebäude Universität Jyväskylä
Jyväskylä, Finnland
1954–1956

Pädagogische Universität
Jyväskylä, Finnland
1952–1954

Bibliothek
Seinäjoki, Finnland
1960–1965

Kirche
Seinäjoki, Finnland
1951–1960

Tuberkulose-Sanatorium
Paimio, Finnland
1929–1933

Tuberkulose-Sanatorium
Paimio, Finnland
1929–1933

Zeitungsgebäude Turun Sanomat
Turku, Finnland
1928–1929

Balkone

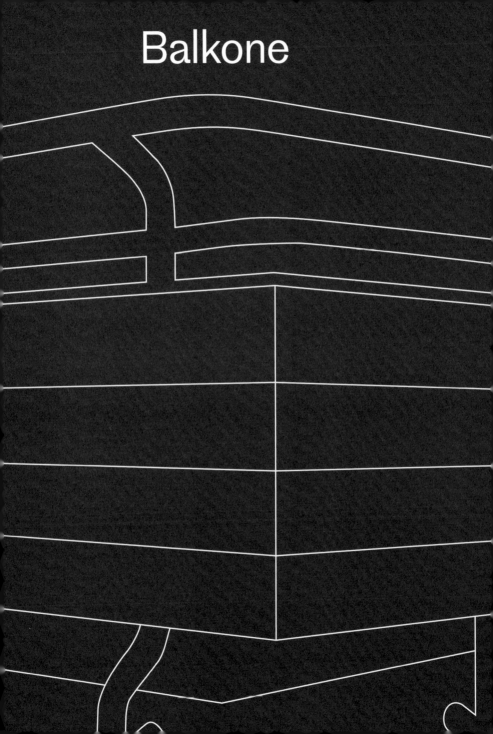

Wohnüberbauung Zellulosefabrik Sunila
Kotka, Finnland
1936–1938, 1947, 1951–1954

Wohnüberbauung Zellulosefabrik Sunila
Kotka, Finnland
1936–1938, 1947, 1951–1954

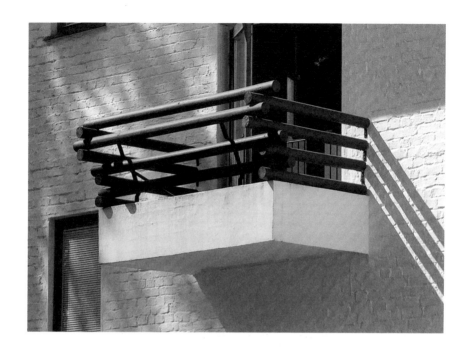

Wohnüberbauung Zellulosefabrik Sunila
Kotka, Finnland
1936–1938, 1947, 1951–1954

Wohnüberbauung Zellulosefabrik Sunila
Kotka, Finnland
1936–1938, 1947, 1951–1954

Tuberkulose-Sanatorium
Paimio, Finnland
1929–1933

Wohnhaus Aira
Jyväskylä, Finnland
1924–1926

Tuberkulose-Sanatorium
Paimio, Finnland
1929–1933

Tuberkulose-Sanatorium
Paimio, Finnland
1929–1933

Villa Mairea
Noormarkku, Finnland
1937–1939

Wohnsiedlung für das Personal der Volkspensionsanstalt
Helsinki, Finnland
1952–1954

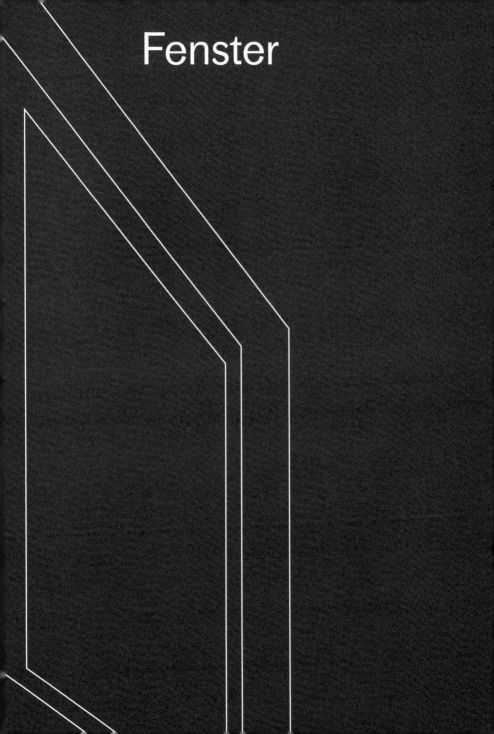

Fenster

Stadthaus
Säynätsalo, Finnland
1949–1952

Sommerhaus
Muuratsalo, Finnland
1952–1954

Atelier der Architekten
Helsinki, Finnland
1954–1955, 1962–1963

Gebäude der landwirtschaftlichen Genossenschaft
Turku, Finnland
1927–1928

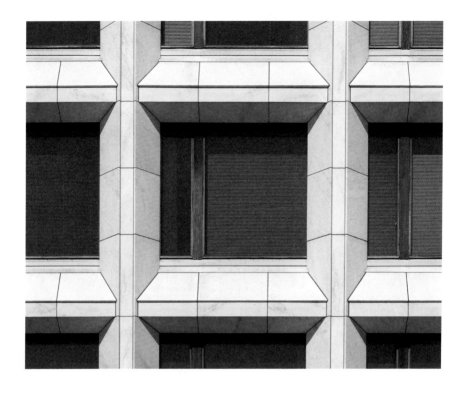

Hauptverwaltung der Enso-Gutzeit
Helsinki, Finnland
1959–1962

Kirchgemeindezentrum der City Electric Co.
Helsinki, Finnland
1965–1976

Geschäftshaus Rautatalo
Helsinki, Finnland
1951–1955

Verwaltungsgebäude der Nordischen Bank
Helsinki, Finnland
1960–1965

Wohnsiedlung für das Personal der Volkspensionsanstalt
Helsinki, Finnland
1952–1954

Harjuviita-Apartmenthäuser
Espoo, Finnland
1962–1964

Stadthaus
Säynätsalo, Finnland
1949–1952

Stadthaus
Säynätsalo, Finnland
1949–1952

Tuberkulose-Sanatorium
Paimio, Finnland
1929–1933

Tuberkulose-Sanatorium
Paimio, Finnland
1929–1933

Gebäude des Studentenverbandes
Jyväskylä, Finnland
1961–1964

Sommerhaus
Muuratsalo, Finnland
1952–1954

Terrassenhäuser
Kauttua, Finnland
1937–1938

Terrassenhäuser
Kauttua, Finnland
1937–1938

Tuberkulose-Sanatorium
Paimio, Finnland
1929–1933

Tuberkulose-Sanatorium
Paimio, Finnland
1929–1933

Haus der Architekten
Helsinki, Finnland
1935–1936

Villa Kokkonen
Järvenpää, Finnland
1967–1969

Villa Schildt (Villa Skeppet)
Tammisaari, Finnland
1969–1970

Maison Louis Carré
Bazoches-sur-Guyonne, Frankreich
1956–1959, 1961–1963

Haus des Verbandes der Finnischen Ingenieure
Helsinki, Finnland
1948–1952

Hauptgebäude der Technischen Hochschule
Espoo, Finnland
1955–1964

Stadthaus
Säynätsalo, Finnland
1949–1952

Gebäude des Studentenverbandes
Jyväskylä, Finnland
1961–1964

Stadthaus
Säynätsalo, Finnland
1949–1952

Stadthaus
Säynätsalo, Finnland
1949–1952

Kulturhaus
Helsinki, Finnland
1952–1958

Bibliothek
Seinäjoki, Finnland
1960–1965

Hauptgebäude der Technischen Hochschule
Espoo, Finnland
1955–1964

Tuberkulose-Sanatorium
Paimio, Finnland
1929–1933

Atelier der Architekten
Helsinki, Finnland
1954–1955, 1962–1963

Atelier der Architekten
Helsinki, Finnland
1954–1955, 1962–1963

Theater
Jyväskylä, Finnland
1964–1982

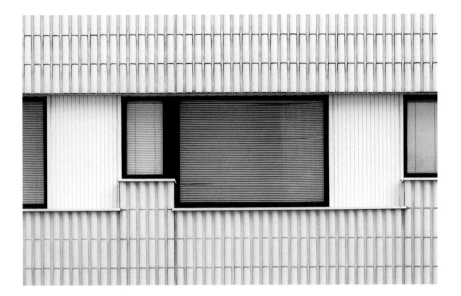

Theater
Seinäjoki, Finnland
1964–1968

Stadthaus
Säynätsalo, Finnland
1949–1952

Stadthaus
Säynätsalo, Finnland
1949–1952

Haus der Architekten
Helsinki, Finnland
1935–1936

Haus der Architekten
Helsinki, Finnland
1935–1936

Atelier der Architekten
Helsinki, Finnland
1954–1955, 1962–1963

Atelier der Architekten
Helsinki, Finnland
1954–1955, 1962–1963

Atelier der Architekten
Helsinki, Finnland
1954–1955, 1962–1963

Villa Mairea
Noormarkku, Finnland
1937–1939

Maison Louis Carré
Bazoches-sur-Guyonne, Frankreich
1956–1959, 1961–1963

Maison Louis Carré
Bazoches-sur-Guyonne, Frankreich
1956–1959, 1961–1963

Kirche
Seinäjoki, Finnland
1951–1960

Bibliothek
Seinäjoki, Finnland
1960–1965

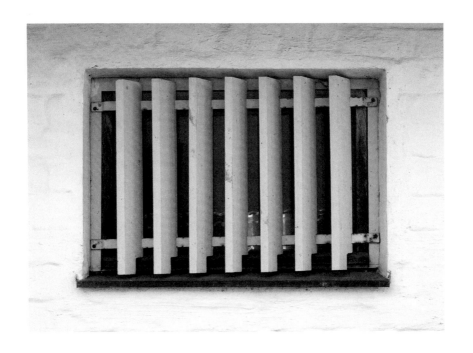

Haus der Architekten
Helsinki, Finnland
1935–1936

Maison Louis Carré
Bazoches-sur-Guyonne, Frankreich
1956–1959, 1961–1963

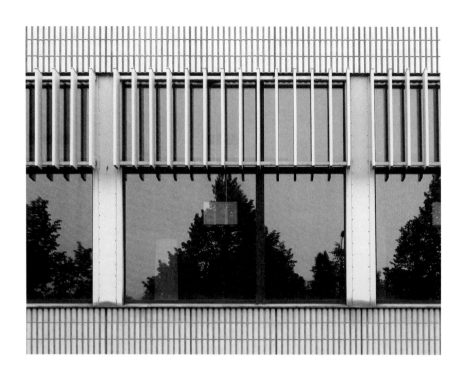

Theater
Jyväskylä, Finnland
1964–1982

Theater
Seinäjoki, Finnland
1964–1968

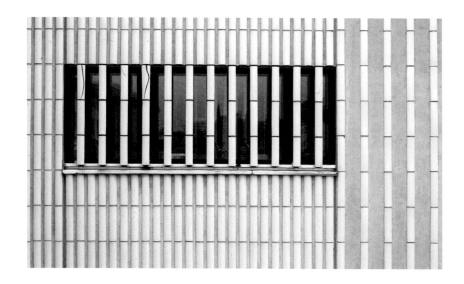

Theater
Jyväskylä, Finnland
1964–1982

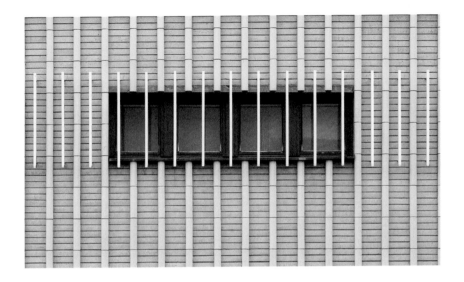

Alvar Aalto Museum
Jyväskylä, Finnland
1971–1973

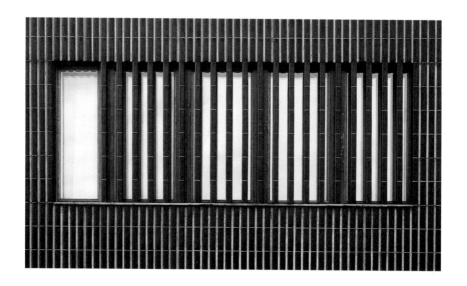

Rathaus
Seinäjoki, Finnland
1958–1960

Hauptgebäude der Technischen Hochschule
Espoo, Finnland
1955–1964

Gebäude des Studentenverbandes
Jyväskylä, Finnland
1961–1964

Stadthaus
Säynätsalo, Finnland
1949–1952

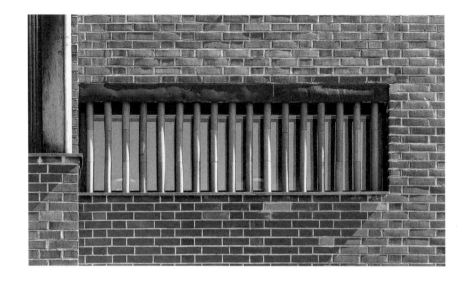

Bibliothek der Technischen Hochschule
Espoo, Finnland
1964–1970

Stadthaus
Säynätsalo, Finnland
1949–1952

Stadthaus
Säynätsalo, Finnland
1949–1952

Stadthaus
Säynätsalo, Finnland
1949–1952

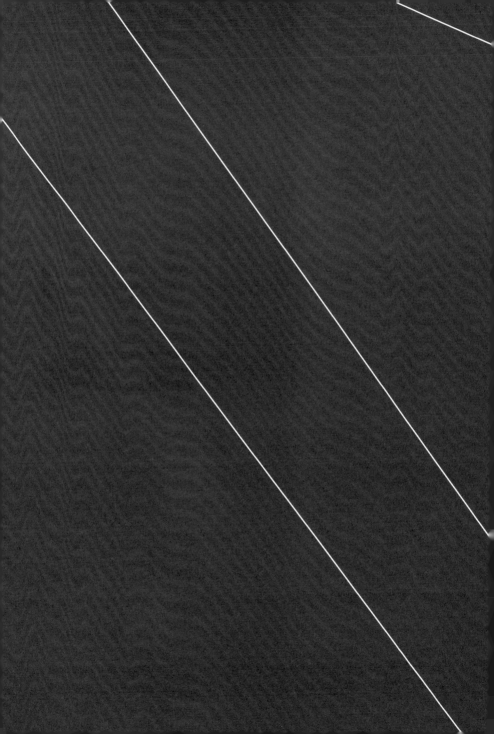

Oberlichter

Gebäude des Studentenverbandes
Jyväskylä, Finnland
1961–1964

Hauptverwaltung der Enso-Gutzeit
Helsinki, Finnland
1959–1962

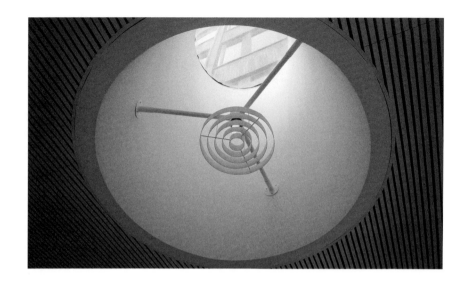

Verwaltungsgebäude der Nordischen Bank
Helsinki, Finnland
1960–1965

Bibliothek der Technischen Hochschule
Espoo, Finnland
1964–1970

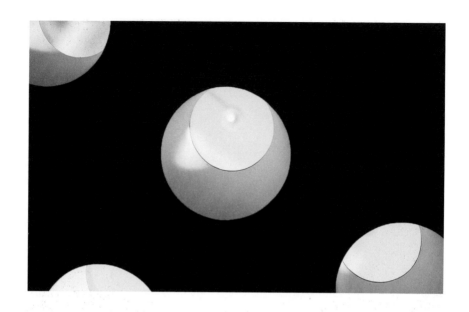

Geschäftshaus Rautatalo
Helsinki, Finnland
1951–1955

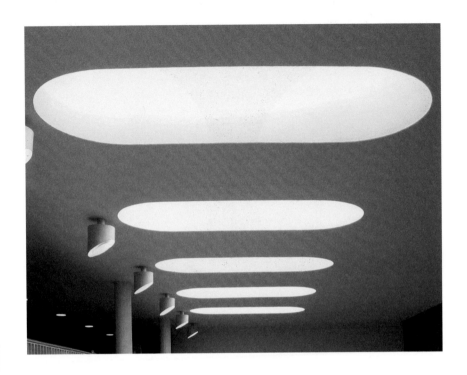

Hauptgebäude Universität Jyväskylä
Jyväskylä, Finnland
1954–1956

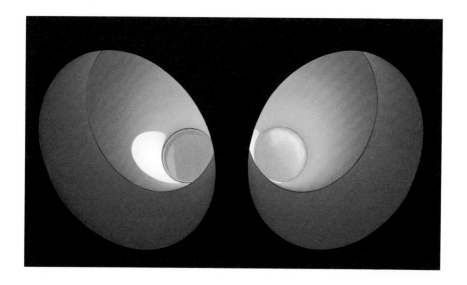

Volkspensionsanstalt
Helsinki, Finnland
1953–1956

Atelier der Architekten
Helsinki, Finnland
1954–1955, 1962–1963

Verwaltungsgebäude der City Electric Co.
Helsinki, Finnland
1965–1976

Volkspensionsanstalt
Helsinki, Finnland
1953–1956

Akademische Buchhandlung
Helsinki, Finnland
1961–1969

Kirche
Lahti, Finnland
1969–1979

Atelier der Architekten
Helsinki, Finnland
1954–1955, 1962–1963

Atelier der Architekten
Helsinki, Finnland
1954–1955, 1962–1963

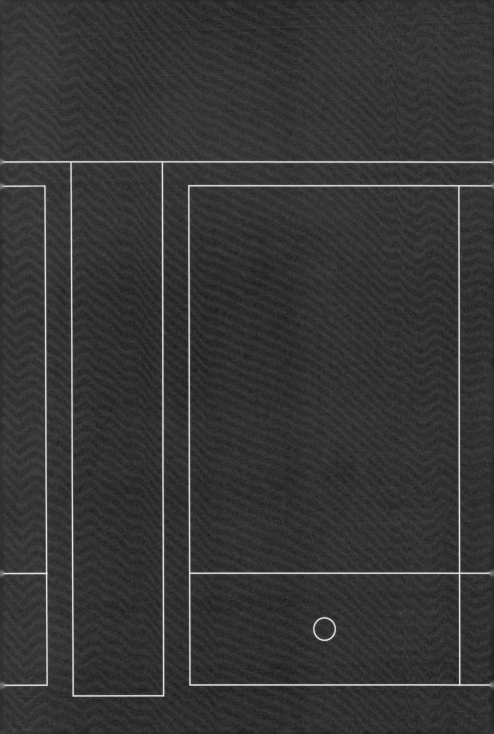

Garagentore

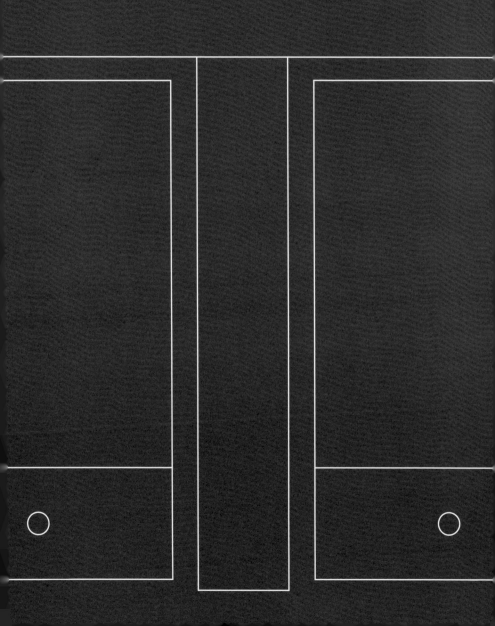

Sommerhaus
Muuratsalo, Finnland
1952–1954

Bibliothek
Seinäjoki, Finnland
1960–1965

Atelier der Architekten
Helsinki, Finnland
1954–1955, 1962–1963

Haus der Architekten
Helsinki, Finnland
1935–1936

Alvar Aalto Museum
Jyväskylä, Finnland
1971–1973

Villa Kokkonen
Järvenpää, Finnland
1967–1969

Standardhäuser Enso-Gutzeit
Hamina, Finnland
1951–1953, 1970–1972

Wohnüberbauung Zellulosefabrik Sunila
Kotka, Finnland
1936–1938, 1947, 1951–1954

Hauptverwaltung der Enso-Gutzeit
Helsinki, Finnland
1959–1962

Wohnsiedlung für das Personal der Volkspensionsanstalt
Helsinki, Finnland
1952–1954

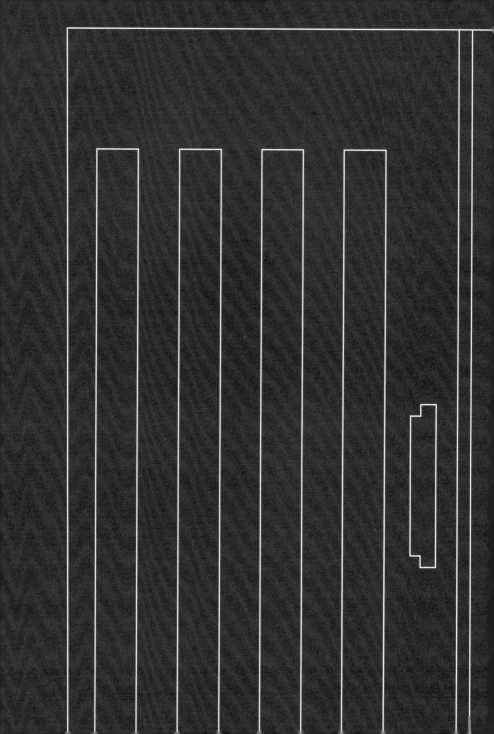

Außentüren

Kirche
Seinäjoki, Finnland
1951–1960

Atelier der Architekten
Helsinki, Finnland
1954–1955, 1962–1963

Atelier der Architekten
Helsinki, Finnland
1954–1955, 1962–1963

Haus der Architekten
Helsinki, Finnland
1935–1936

Haus der Architekten
Helsinki, Finnland
1935–1936

Haus der Architekten
Helsinki, Finnland
1935–1936

Standardhäuser Enso-Gutzeit
Hamina, Finnland
1951–1953, 1970–1972

Harjuviita-Apartmenthäuser
Espoo, Finnland
1962–1964

Kirche
Seinäjoki, Finnland
1951–1960

Standardhäuser Enso-Gutzeit
Hamina, Finnland
1951–1953, 1970–1972

Gebäude des Studentenverbandes
Jyväskylä, Finnland
1961–1964

Hauptgebäude der Technischen Hochschule
Espoo, Finnland
1955–1964

Sommerhaus
Muuratsalo, Finnland
1952–1954

Sommerhaus
Muuratsalo, Finnland
1952–1954

Villa Mairea
Noormarkku, Finnland
1937–1939

Maison Louis Carré
Bazoches-sur-Guyonne, Frankreich
1956–1959, 1961–1963

Sauna und Wäscherei
Kauttua, Finnland
1940–1941

Sauna und Wäscherei
Kauttua, Finnland
1940–1941

Verteidigungskorpsgebäude
Seinäjoki, Finnland
1924–1926

Villa Mairea
Noormarkku, Finnland
1937–1939

Verwaltungsgebäude der City Electric Co.
Helsinki, Finnland
1965–1976

Volkspensionsanstalt
Helsinki, Finnland
1953–1956

Kirche
Lahti, Finnland
1969–1979

Haus der Arbeiter
Jyväskylä, Finnland
1924–1925

Kirche
Seinäjoki, Finnland
1951–1960

Alvar Aalto Museum
Jyväskylä, Finnland
1971–1973

Kirche
Seinäjoki, Finnland
1951–1960

Kirche
Seinäjoki, Finnland
1951–1960

Wohnsiedlung für das Personal der Volkspensionsanstalt
Helsinki, Finnland
1952–1954

Wohnsiedlung für das Personal der Volkspensionsanstalt
Helsinki, Finnland
1952–1954

Hauptgebäude der Technischen Hochschule
Espoo, Finnland
1955–1964

Kulturhaus
Helsinki, Finnland
1952–1958

Harjuviita-Apartmenthäuser
Espoo, Finnland
1962–1964

Villa Kokkonen
Järvenpää, Finnland
1967–1969

Wohnüberbauung Zellulosefabrik Sunila
Kotka, Finnland
1936–1938, 1947, 1951–1954

Wohnüberbauung Zellulosefabrik Sunila
Kotka, Finnland
1936–1938, 1947, 1951–1954

Standardhäuser Enso-Gutzeit
Hamina, Finnland
1951–1953, 1970–1972

Stadthaus
Säynätsalo, Finnland
1949–1952

Gebäude des Studentenverbandes
Jyväskylä, Finnland
1961–1964

Sommerhaus
Muuratsalo, Finnland
1952–1954

Kirche
Seinäjoki, Finnland
1951–1960

Villa Schildt (Villa Skeppet)
Tammisaari, Finnland
1969–1970

Verteidigungskorpsgebäude
Seinäjoki, Finnland
1924–1926

Gebäude der landwirtschaftlichen Genossenschaft
Turku, Finnland
1927–1928

Hauptgebäude Universität Jyväskylä
Jyväskylä, Finnland
1954–1956

Zentralfinnisches Museum
Jyväskylä, Finnland
1956–1961

Mietshaus Standard
Turku, Finnland
1927–1928

Mietshaus Standard
Turku, Finnland
1927–1928

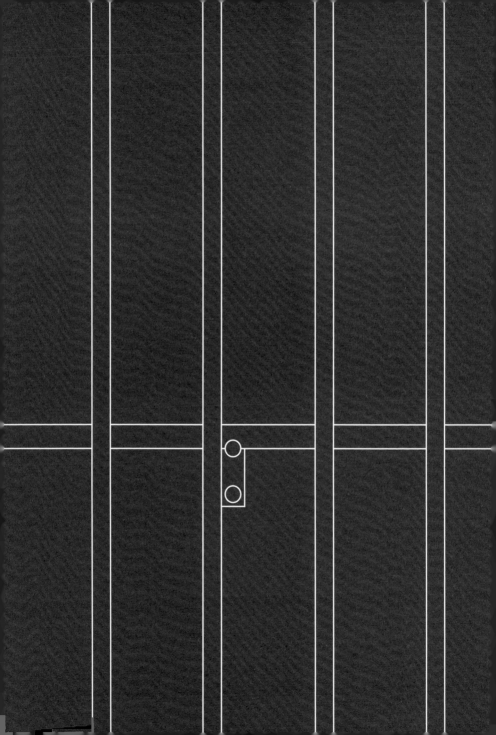

Innentüren

Geschäftshaus Rautatalo
Helsinki, Finnland
1951–1955

Volkspensionsanstalt
Helsinki, Finnland
1953–1956

Hauptgebäude der Technischen Hochschule
Espoo, Finnland
1955–1964

Maison Louis Carré
Bazoches-sur-Guyonne, Frankreich
1956–1959, 1961–1963

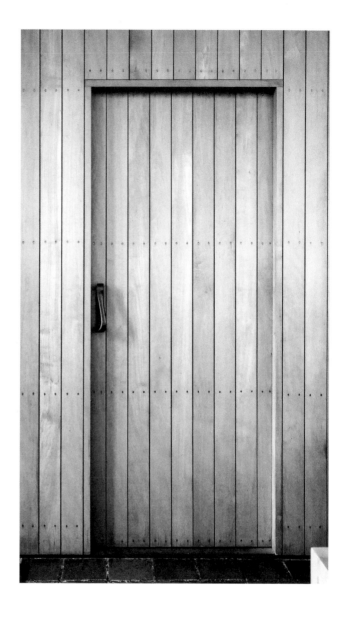

Kirche
Seinäjoki, Finnland
1951–1960

Maison Louis Carré
Bazoches-sur-Guyonne, Frankreich
1956–1959, 1961–1963

Stadthaus
Säynätsalo, Finnland
1949–1952

Maison Louis Carré
Bazoches-sur-Guyonne, Frankreich
1956–1959, 1961–1963

Hauptgebäude Universität Jyväskylä
Jyväskylä, Finnland
1954–1956

Wohnsiedlung für das Personal der Volkspensionsanstalt
Helsinki, Finnland
1951–1953, 1970–1972

Theater
Seinäjoki, Finnland
1961–1987

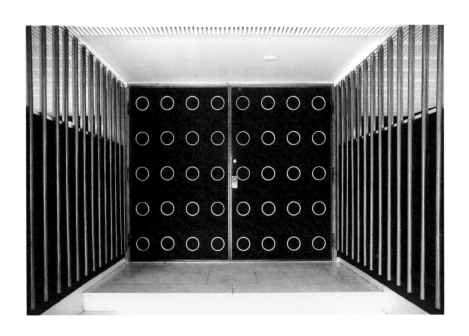

Hauptgebäude Universität Jyväskylä
Jyväskylä, Finnland
1954–1956

LUENTOSALI B

Hauptgebäude der Technischen Hochschule
Espoo, Finnland
1955–1964

Sportfakultät
Jyväskylä, Finnland
1971

Tuberkulose-Sanatorium
Paimio, Finnland
1929–1933

Bibliothek der Technischen Hochschule
Espoo, Finnland
1964–1970

Kirche
Lahti, Finnland
1969–1979

Hauptgebäude der Technischen Hochschule
Espoo, Finnland
1955–1964

Hauptgebäude der Technischen Hochschule
Espoo, Finnland
1955–1964

Kirche
Seinäjoki, Finnland
1951–1960

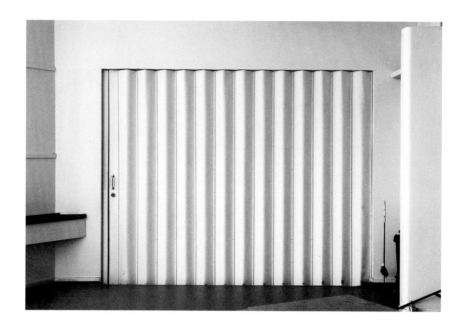

Hauptgebäude der Technischen Hochschule
Espoo, Finnland
1955–1964

Kirche
Seinäjoki, Finnland
1951–1960

Rathaus
Seinäjoki, Finnland
1958–1960

Stadthaus
Säynätsalo, Finnland
1949–1952

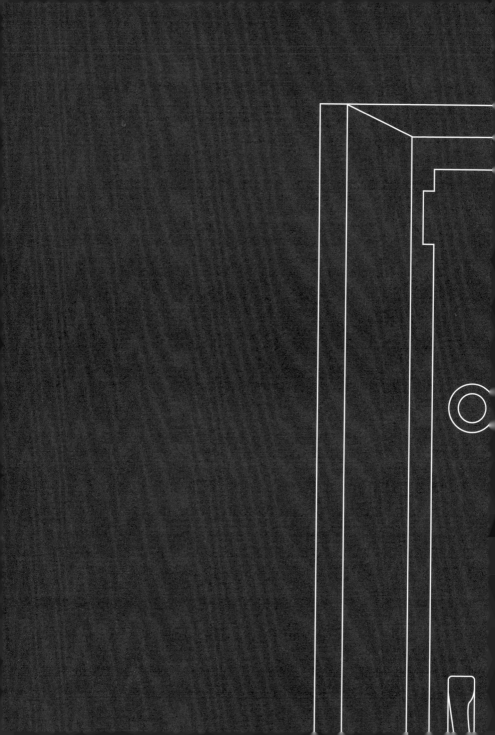

Aufzugstüren

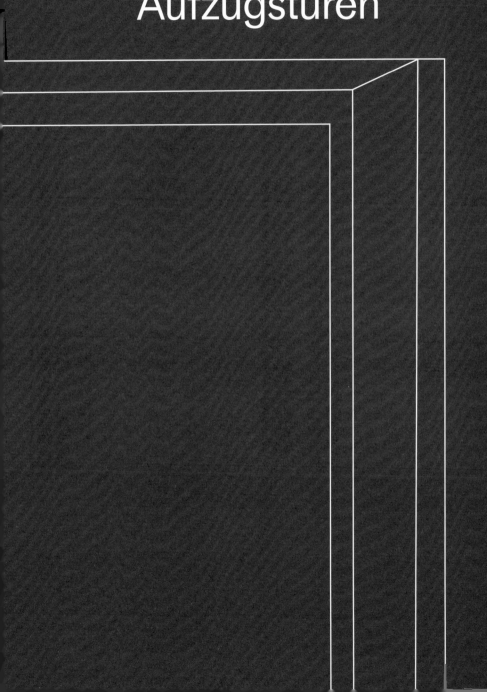

286

Geschäftshaus Rautatalo
Helsinki, Finnland
1951–1955

Volkspensionsanstalt
Helsinki, Finnland
1953–1956

Kirche
Lahti, Finnland
1969–1979

Akademische Buchhandlung
Helsinki, Finnland
1961–1969

Verwaltungsgebäude der City Electric Co.
Helsinki, Finnland
1965–1976

Geschäftshaus Rautatalo
Helsinki, Finnland
1951–1955

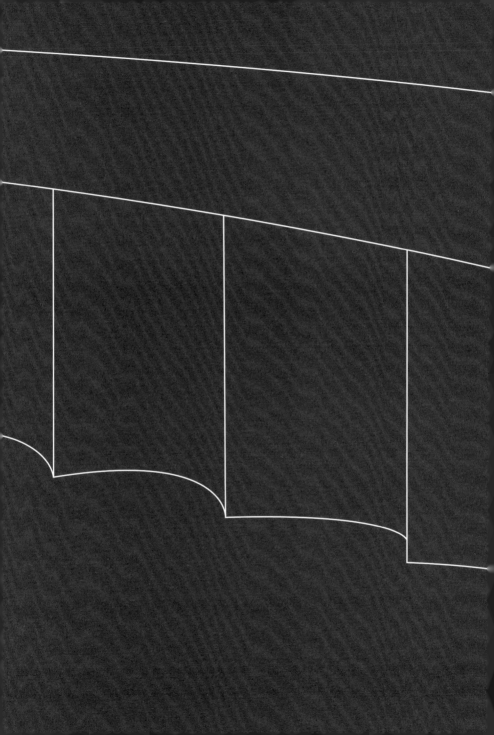

Sockel

Sommerhaus
Muuratsalo, Finnland
1952–1954

Atelier der Architekten
Helsinki, Finnland
1954–1955, 1962–1963

Wohnhaus Aira
Jyväskylä, Finnland
1924–1926

Verteidigungskorpsgebäude
Seinäjoki, Finnland
1924–1926

Kulturhaus
Helsinki, Finnland
1952–1958

Villa Mairea
Noormarkku, Finnland
1937–1939

Kirche
Lahti, Finnland
1969–1979

Villa Kokkonen
Järvenpää, Finnland
1967–1969

Gebäude des Studentenverbandes
Jyväskylä, Finnland
1961–1964

Alvar Aalto Museum
Jyväskylä, Finnland
1971–1973

Wohnbauten
Espoo, Finnland
1940

Kirche
Muurame, Finnland
1926–1929

Volkspensionsanstalt
Helsinki, Finnland
1953–1956

Hauptgebäude der Technischen Hochschule
Espoo, Finnland
1955–1964

Türgriffe

Sauna und Wäscherei
Kauttua, Finnland
1940–1941

Gebäude des Studentenverbandes
Jyväskylä, Finnland
1961–1964

Wohnsiedlung für das Personal der Volkspensionsanstalt
Helsinki, Finnland
1952–1954

Kulturhaus
Helsinki, Finnland
1952–1958

Volkspensionsanstalt
Helsinki, Finnland
1953–1956

Sportfakultät
Jyväskylä, Finnland
1971

Maison Louis Carré
Bazoches-sur-Guyonne, Frankreich
1956–1959, 1961–1963

Wohnhochhaus Viitatorni
Jyväskylä, Finnland
1960–1961

Stadthaus
Säynätsalo, Finnland
1949–1952

Villa Mairea
Noormarkku, Finnland
1937–1939

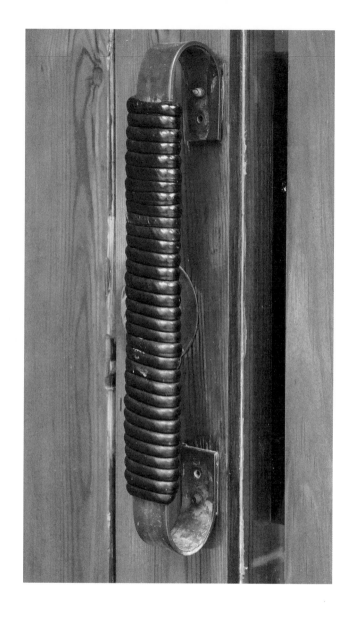

Stadthaus
Säynätsalo, Finnland
1949–1952

Wohnsiedlung für das Personal der Volkspensionsanstalt
Helsinki, Finnland
1952–1954

Hauptverwaltung der Enso-Gutzeit
Helsinki, Finnland
1959–1962

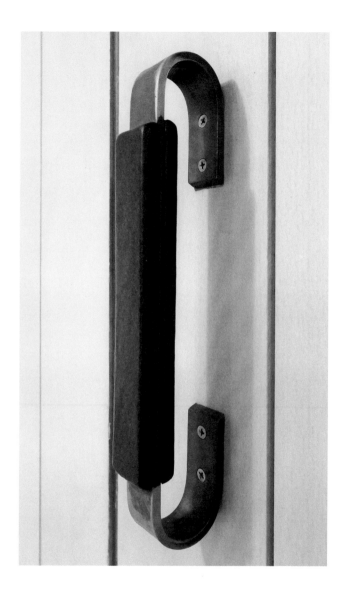

Konzert- und Kongresshaus
Helsinki, Finnland
1967–1975

Volkspensionsanstalt
Helsinki, Finnland
1953–1956

Haus der Arbeiter
Jyväskylä, Finnland
1924–1925

Gebäude der landwirtschaftlichen Genossenschaft
Turku, Finnland
1927–1928

Verteidigungskorpsgebäude
Seinäjoki, Finnland
1924–1926

Villa Mairea
Noormarkku, Finnland
1937–1939

Villa Mairea
Noormarkku, Finnland
1937–1939

Atelier der Architekten
Helsinki, Finnland
1954–1955, 1962–1963

Villa Mairea
Noormarkku, Finnland
1937–1939

Haus der Architekten
Helsinki, Finnland
1935–1936

Tuberkulose-Sanatorium
Paimio, Finnland
1929–1933

Konzert- und Kongresshaus
Helsinki, Finnland
1967–1975

Kirche
Lahti, Finnland
1969–1979

Kirche
Lahti, Finnland
1969–1979

Akademische Buchhandlung
Helsinki, Finnland
1961–1969

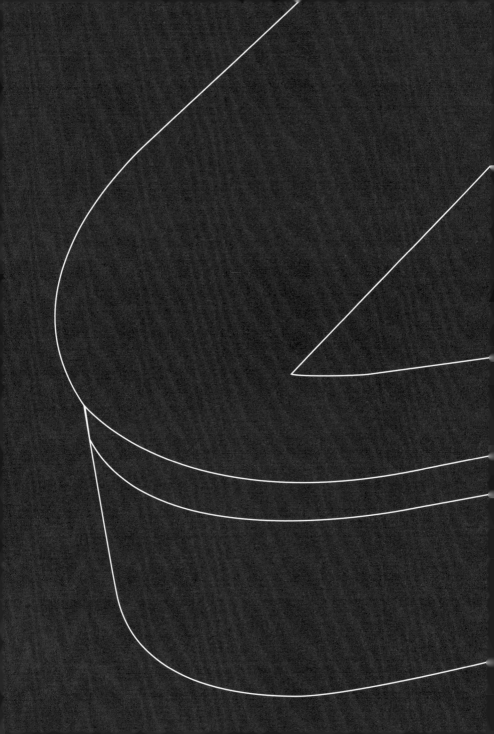

Handläufe

Hauptgebäude der Technischen Hochschule
Espoo, Finnland
1955–1964

341

Hauptgebäude der Technischen Hochschule
Espoo, Finnland
1955–1964

Stadthaus
Säynätsalo, Finnland
1949–1952

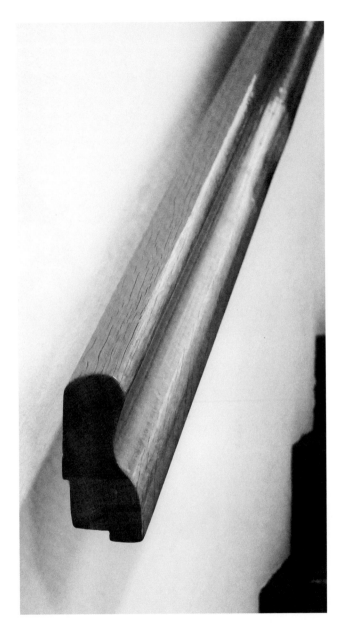

Bibliothek
Seinäjoki, Finnland
1960–1965

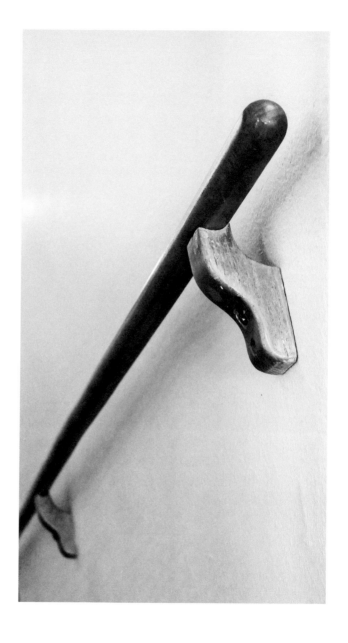

Haus der Architekten
Helsinki, Finnland
1935–1936

Rathaus
Seinäjoki, Finnland
1958–1960

Hauptgebäude Universität Jyväskylä
Jyväskylä, Finnland
1954–1956

Maison Louis Carré
Bazoches-sur-Guyonne, Frankreich
1956–1959, 1961–1963

Pädagogische Universität
Jyväskylä, Findland
1952–1954

Hauptgebäude Universität Jyväskylä
Jyväskylä, Finnland
1954–1956

Verwaltungsgebäude der Nordischen Bank
Helsinki, Finnland
1960–1965

Hauptgebäude der Technischen Hochschule
Espoo, Finnland
1955–1964

Hauptgebäude der Technischen Hochschule
Espoo, Finnland
1955–1964

Hauptgebäude der Technischen Hochschule
Espoo, Finnland
1955–1964

Hauptgebäude Universität Jyväskylä
Jyväskylä, Finnland
1954–1956

Hauptgebäude Universität Jyväskylä
Jyväskylä, Finnland
1954–1956

Konzert- und Kongresshaus
Helsinki, Finnland
1967–1975

Kirche
Seinäjoki, Finnland
1951–1960

Atelier der Architekten
Helsinki, Finnland
1954–1955, 1962–1963

Hauptgebäude Universität Jyväskylä
Jyväskylä, Finnland
1954–1956

Akademische Buchhandlung
Helsinki, Finnland
1961–1969

Alvar Aalto Museum
Jyväskylä, Finnland
1971–1973

Theater
Seinäjoki, Finnland
1961–1987

Verwaltungsgebäude der City Electric Co.
Helsinki, Finnland
1965–1976

Zeitungsgebäude Turun Sanomat
Turku, Finnland
1928–1929

Tuberkulose-Sanatorium
Paimio, Finnland
1929–1933

Tuberkulose-Sanatorium
Paimio, Finnland
1929–1933

Zeitungsgebäude Turun Sanomat
Turku, Finnland
1928–1929

Kulturhaus
Helsinki, Finnland
1952–1958

369

Theater
Jyväskylä, Finnland
1964–1982

Konzert- und Kongresshaus
Helsinki, Finnland
1967–1975

Konzert- und Kongresshaus
Helsinki, Finnland
1967–1975

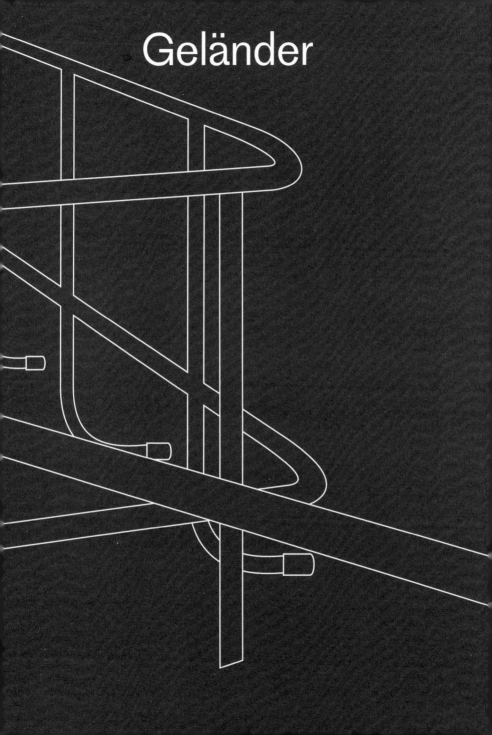

Geländer

Hauptgebäude Universität Jyväskylä
Jyväskylä, Finnland
1954–1956

Pädagogische Universität
Jyväskylä, Finnland
1952–1954

Hauptgebäude der Technischen Hochschule
Espoo, Finnland
1955–1964

Kirche
Lahti, Finnland
1969–1979

Maison Louis Carré
Bazoches-sur-Guyonne, Frankreich
1956–1959, 1961–1963

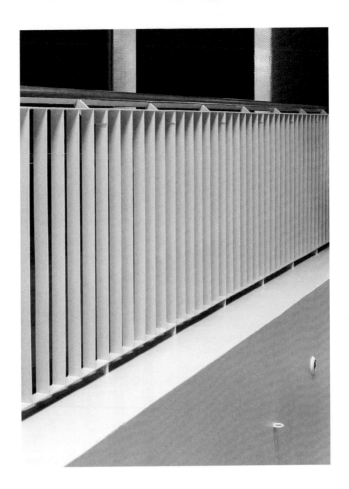

Hauptgebäude Universität Jyväskylä
Jyväskylä, Finnland
1954–1956

Rathaus
Seinäjoki, Finnland
1958–1960

Pädagogische Universität
Jyväskylä, Finnland
1952–1954

Bibliothek
Seinäjoki, Finnland
1960–1965

383

Tuberkulose-Sanatorium
Paimio, Finnland
1929–1933

Tuberkulose-Sanatorium
Paimio, Finnland
1929–1933

Stadthaus
Säynätsalo, Finnland
1949–1952

Wohnhaus Lohilouma
Kauttua, Finnland
1942

Terrassenhäuser
Kauttua, Finnland
1937–1938

Haus der Architekten
Helsinki, Finnland
1935–1936

Villa Mairea
Noormarkku, Finnland
1937–1939

Villa Kokkonen
Järvenpää, Finnland
1967–1969

Maison Louis Carré
Bazoches-sur-Guyonne, Frankreich
1956–1959, 1961–1963

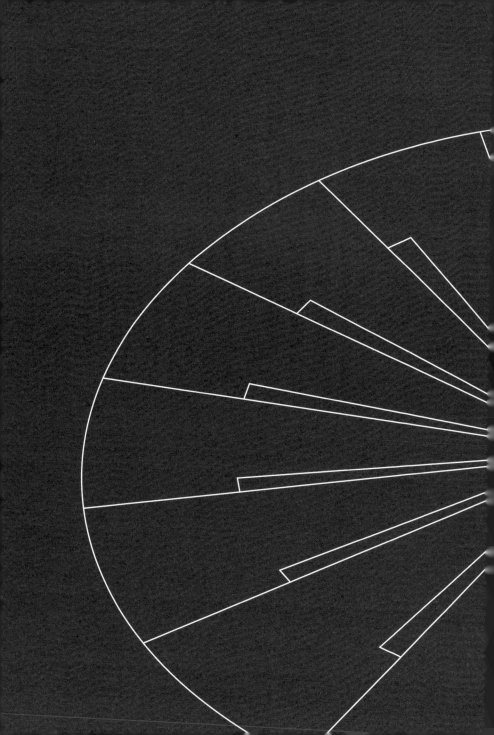

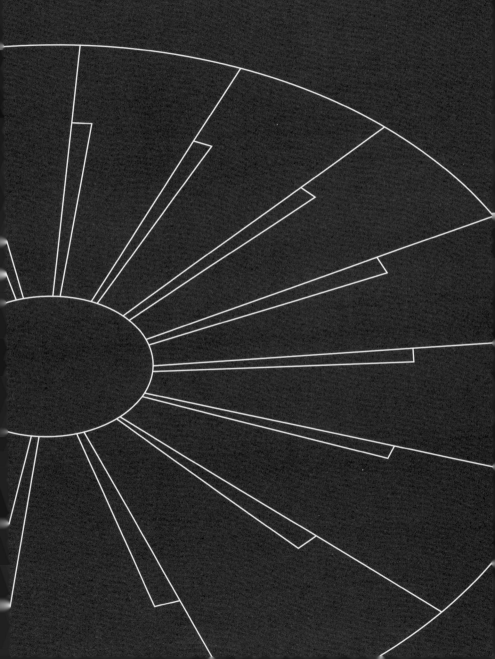

Entwässerung

Rathaus
Seinäjoki, Finnland
1958–1960

Sommerhaus
Muuratsalo, Finnland
1952–1954

Maison Louis Carré
Bazoches-sur-Guyonne, Frankreich
1956–1959, 1961–1963

Villa Mairea
Noormarkku, Finnland
1937–1939

Maison Louis Carré
Bazoches-sur-Guyonne, Frankreich
1956–1959, 1961–1963

Maison Louis Carré
Bazoches-sur-Guyonne, Frankreich
1956–1959, 1961–1963

Kamine

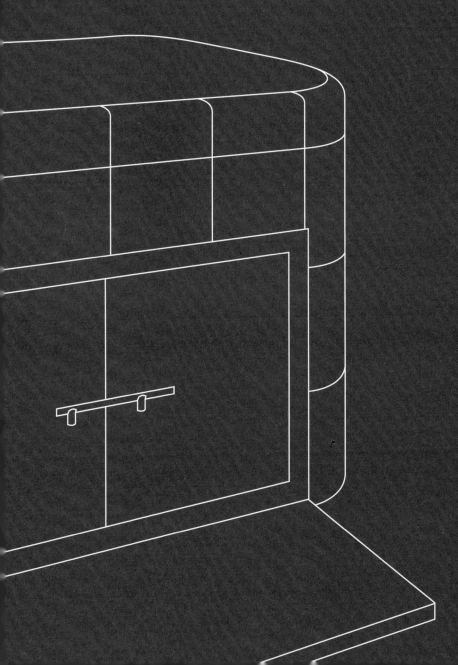

Haus der Architekten
Helsinki, Finnland
1935–1936

Haus der Architekten
Helsinki, Finnland
1935–1936

Gebäude des Studentenverbandes
Jyväskylä, Finnland
1961–1964

Gebäude des Studentenverbandes
Jyväskylä, Finnland
1961–1964

Sommerhaus
Muuratsalo, Finnland
1952–1954

Sommerhaus
Muuratsalo, Finnland
1952–1954

Villa Mairea
Noormarkku, Finnland
1937–1939

Tuberkulose-Sanatorium
Paimio, Finnland
1929–1933

Maison Louis Carré
Bazoches-sur-Guyonne, Frankreich
1956–1959, 1961–1963

Maison Louis Carré
Bazoches-sur-Guyonne, Frankreich
1956–1959, 1961–1963

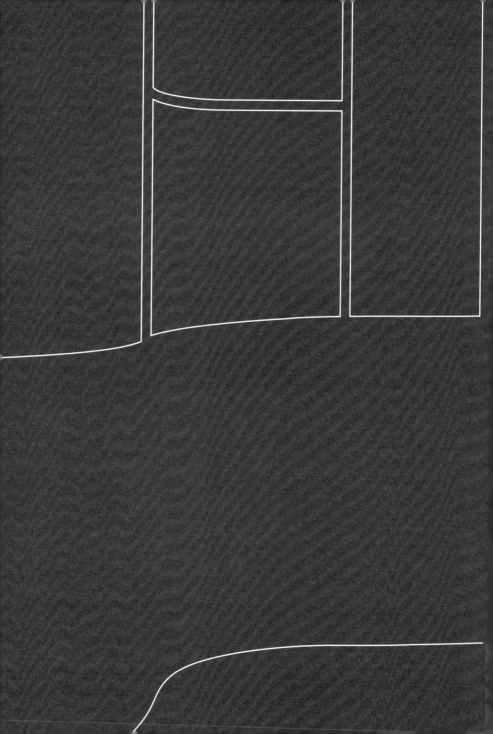

Einbauten

Sportfakultät
Jyväskylä, Finnland
1971

Tuberkulose-Sanatorium
Paimio, Finnland
1929–1933

Kulturhaus
Helsinki, Finnland
1952–1958

Hauptgebäude Universität Jyväskylä
Jyväskylä, Finnland
1954–1956

Alvar Aalto Museum
Jyväskylä, Finnland
1971–1973

419

Tuberkulose-Sanatorium
Paimio, Finnland
1929–1933

Alvar Aalto Museum
Jyväskylä, Finnland
1971–1973

Hauptgebäude Universität Jyväskylä
Jyväskylä, Finnland
1954–1956

Tuberkulose-Sanatorium
Paimio, Finnland
1929–1933

Tuberkulose-Sanatorium
Paimio, Finnland
1929–1933

Maison Louis Carré
Bazoches-sur-Guyonne, Frankreich
1956–1959, 1961–1963

Haus der Architekten
Helsinki, Finnland
1935–1936

Terrassenhäuser
Kauttua, Finnland
1937–1938

Maison Louis Carré
Bazoches-sur-Guyonne, Frankreich
1956–1959, 1961–1963

Atelier der Architekten
Helsinki, Finnland
1954–1955, 1962–1963

Atelier der Architekten
Helsinki, Finnland
1954–1955, 1962–1963

Stadthaus
Säynätsalo, Finnland
1949–1952

Kirche
Seinäjoki, Finnland
1951–1960

Kirche
Lahti, Finnland
1969–1979

Kirche
Seinäjoki, Finnland
1951–1960

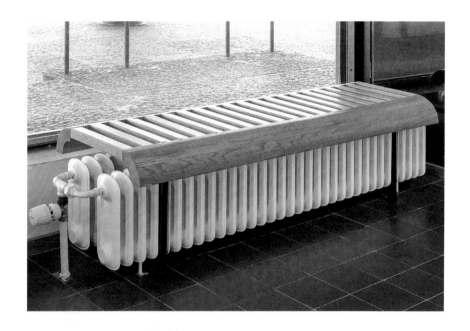

Rathaus
Seinäjoki, Finnland
1958–1960

Stadthaus
Säynätsalo, Finnland
1949–1952

Bibliothek
Seinäjoki, Finnland
1960–1965

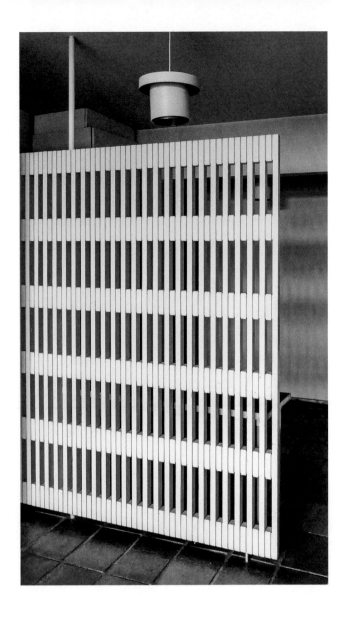

Kirche
Seinäjoki, Finnland
1951–1960

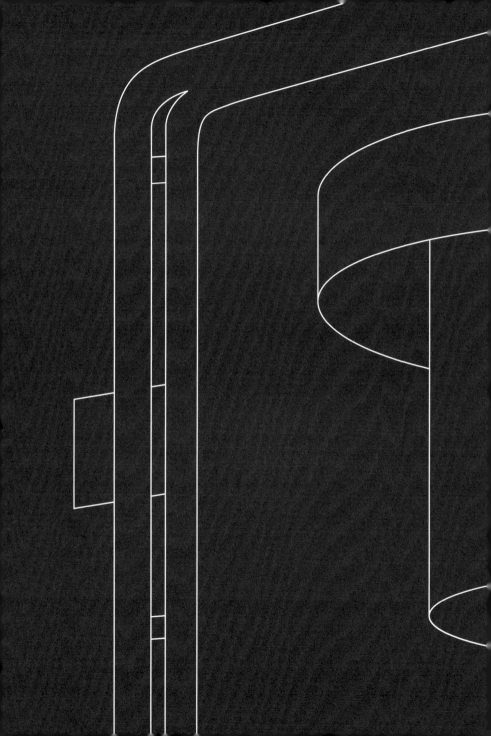

Außenleuchten

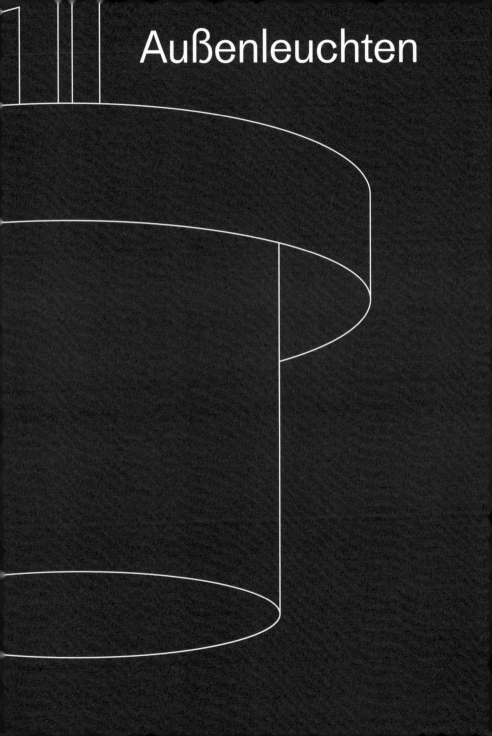

Theater
Seinäjoki, Finnland
1961–1987

Villa Mairea
Noormarkku, Finnland
1937–1939

Konzert- und Kongresshaus
Helsinki, Finnland
1967–1975

Villa Mairea
Noormarkku, Finnland
1937–1939

Standardhäuser Enso-Gutzeit
Hamina, Finnland
1951–1953, 1970–1972

Hauptgebäude der Technischen Hochschule
Espoo, Finnland
1949, 1953–1965

Villa Kokkonen
Järvenpää, Finnland
1967–1969

Villa Mairea
Noormarkku, Finnland
1937–1939

Konzert- und Kongresshaus
Helsinki, Finnland
1967–1975

Kirche
Lahti, Finnland
1969–1979

Atelier der Architekten
Helsinki, Finnland
1954–1955, 1962–1963

Kulturhaus
Helsinki, Finnland
1952–1958

Volkspensionsanstalt
Helsinki, Finnland
1953–1956

Kirche
Seinäjoki, Finnland
1951–1960

Hauptgebäude Universität Jyväskylä
Jyväskylä, Finnland
1954–1956

Kulturhaus
Helsinki, Finnland
1952–1958

Akademische Buchhandlung
Helsinki, Finnland
1961–1969

Kulturhaus
Helsinki, Finnland
1952–1958

Stadthaus
Säynätsalo, Finnland
1949–1952

459

Theater
Seinäjoki, Finnland
1961–1987

461

Annette Helle
Annette Helle ist in Oslo geboren und aufgewachsen. Ihr Studium hat sie an der ETH in Zürich und an der TU in Delft absolviert. Sie lebt in Zürich, wo sie das Büro Helle Architektur seit 2001 führt. Seit 2010 ist sie Professorin für Architektur und Konstruktion an der Fachhochschule Nordwestschweiz FHNW in Muttenz und seit 2019 Institutsleiterin.

Céline Dietziker
Nach der Lehre als Hochbauzeichnerin hat Céline Dietziker ihr Studium an der Fachhochschule Nordwestschweiz FHNW in Muttenz sowie an der Ecole Nationale Supérieure d'Architecture de Paris-Belleville in Paris absolviert und daneben in verschiedenen Architekturbüros in Basel gearbeitet. Sie ist Redaktorin bei Architektur Basel und Stiftungsrätin bei Architektur Dialoge. Zusammen mit Lukas Gruntz führt sie seit 2021 das Architekturbüro Atelier Atlas in Basel.

Lukas Gruntz
Sein Studium hat Lukas Gruntz an der Fachhochschule Nordwestschweiz FHNW in Muttenz und Basel sowie an der Ecole Nationale Supérieure d'Architecture de Paris-Belleville in Paris absolviert und daneben in Architekturbüros in Basel, Zürich und Tokyo gearbeitet. Er ist Redaktor bei Architektur Basel und schreibt regelmäßig für diverse Architekturzeitschriften. Zusammen mit Céline Dietziker führt er seit 2021 das Architekturbüro Atelier Atlas in Basel.

Wir danken allen an diesem Buch Beteiligten, besonders Annette Helle
für ihre fachliche, konzeptionelle und motivierende Unterstützung
sowie ihren stimmigen Textbeitrag, der die Kontextualisierung unserer
Recherche ermöglicht. Alexander Felix und Katharina Kulke gilt
der Dank für die anregende, stets konstruktive Zusammenarbeit; sie
haben das Buch in dieser Form ermöglicht. Philipp Möckli und
Adrian Schnegg danken wir für die tolle grafische Umsetzung, die dem
Inhalt den passenden Rahmen verleiht. Speziell bedanken wir uns
bei Anita Hede und Bruno Trinkler für ihre grosszügige Unterstützung.
Außerdem bedanken wir uns bei all den Menschen, denen wir in
Finnland bei der Besichtigung der Bauten der Aaltos begegnet sind.

Mit freundlicher Unterstüzung von

artek

Bildnachweis
Alvar Aalto Foundation: S. 8, 9 (Foto: Gustaf Welin), 10, 11 oben
(Foto: Eino Mäkinen) 11 unten (Foto: Heikki Havas), 12 unten
(Foto: Gustaf Welin), 13 (Foto: Martti Kapanen), 14 (Foto: Artek
Collection/Alvar Aalto Foundation), 15 (Foto: vermutlich Christian
Leclerc), 16 (Foto: Kolmio, Artek Collection/Alvar Aalto Foundation)
The Museum of Central Finland: S. 12 oben (Foto: Valokuvaamo
Päijänne)
Aalto family collection: S. 17
Alle anderen Fotografien stammen von Céline Dietziker und
Lukas Gruntz.

Lektorat und Projektkoordination: Alexander Felix, Katharina Kulke
Herstellung: Heike Strempel
Layout, Covergestaltung und Satz:
Début Début, Philipp Möckli und Adrian Schnegg
Lithografie: LVD Gesellschaft für Datenverarbeitung GmbH, Berlin
Druck: Grafisches Centrum Cuno GmbH & Co. KG, Calbe
Papier: 120 g/m² Amber Graphic

Library of Congress Control Number: 2022931262

Bibliografische Information der Deutschen Nationalbibliothek
Die Deutsche Nationalbibliothek verzeichnet diese Publikation in der
Deutschen Nationalbibliografie; detaillierte bibliografische Daten
sind im Internet über http://dnb.dnb.de abrufbar.

ISBN 978-3-0356-2331-4
e-ISBN (PDF) 978-3-0356-2333-8
Englisch Print-ISBN 978-3-0356-2332-1

© 2022 Birkhäuser Verlag GmbH, Basel
Postfach 44, 4009 Basel, Schweiz
Ein Unternehmen der Walter de Gruyter GmbH, Berlin/Boston

9 8 7 6 5 4 3 2 1   www.birkhauser.com